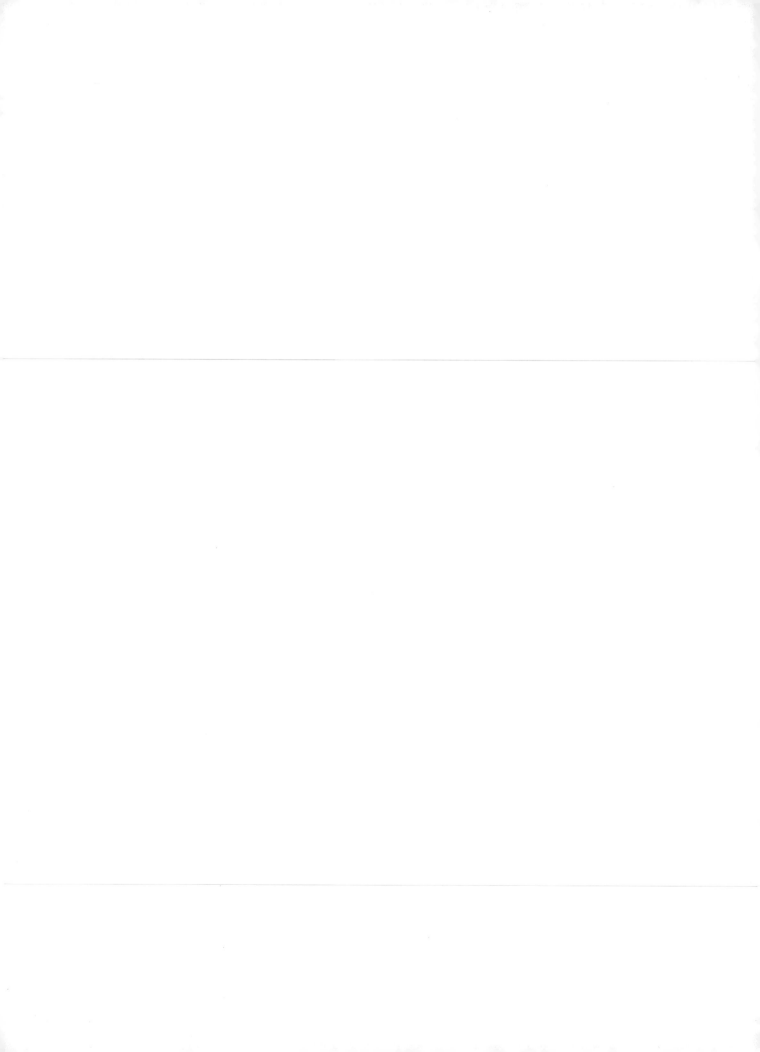

ARTURO and the NAVIDAD BIRDS

Written by Anne Broyles
Illustrated by KE Lewis
Translation by Gust Soanish

PELICAN PUBLISHING COMPANY
GRETNA 2013

Copyright © 2013
By Anne Broyles

Illustrations copyright © 2013
By KE Lewis

Translation copyright © 2013
By Pelican Publishing Company, Inc.

The word "Pelican" and the depiction of a pelican are
trademarks of Pelican Publishing Company, Inc., and are
registered in the U.S. Patent and Trademark Office.

Library of Congress Cataloging-in-Publication Data

Broyles, Anne, 1953-
  Arturo and the Navidad birds / by Anne Broyles ; illustrated by KE Lewis ;
translation by Gust Soanish.
    pages cm
 Summary: " It's time for Arturo and his grandmother, Abue Rosa, to decorate their
Christmas tree. Abue Rosa shares with him the family history of each ornament
as it is hung. But what happens when Arturo plays with—and breaks—a glass
bird?"— Provided by publisher.
   ISBN 978-1-4556-1801-9 (hardcover : alk. paper) -- ISBN 978-1-4556-1802-
6 (e-book) [1. Christmas decorations—Fiction. 2. Christmas trees—Fiction. 3.
Grandmothers—Fiction. 4. Hispanic Americans—Fiction. 5. Spanish language
materials—Bilingual.] I. Lewis, K. E., illustrator. II. Soanish, Gust, translator.
III. Title.
  PZ73.B6858 2013
  [E]—dc23
                                        2013014399

Printed in Malaysia
Published by Pelican Publishing Company, Inc.
1000 Burmaster Street, Gretna, Louisiana 70053

Arturo and the Navidad Birds

Arturo bounced up and down in front of the pine tree. "Hurry, Abue!"

His grandmother called from the kitchen, *"Momentito, mi'jo."*

Arturo y los Pájaros de Navidad

Arturo saltaba una y otra vez frente al árbol de pino. "Date prisa, Abue!"

Su abuela lo llamaba desde la cocina, "Momentito, mi'jo."

Arturo frowned at the string of unlit lights. "Our Navidad tree looks empty."

Abue Rosa wiped her hands on her apron as she bustled into the living room. "It will soon be full."

Arturo frunció el ceño al mirar las luces de Navidad sin encender. "Nuestro árbol de Navidad se ve vacío."

Abue Rosa secó sus manos en el delantal mientras caminaba dentro de la sala. "Pronto estará lleno."

Arturo reached into a box of crumpled newspapers. He eased out a tiny half walnut shell in which slept a painted mouse. "Where's this from?"

Arturo metió la mano en una caja de periódicos estrujados. Extrajo la mitad de una pequeña cáscara de nuez en la que dormía un ratón pintado. "¿De dónde viene esto?"

"My mother made it for me when I was four," Abue Rosa said.

Arturo couldn't imagine his gray-haired grandmother as a girl.

"This mouse spent most of the time in my pocket," she laughed. "I called him *Hermanito*—my little brother! Find him a good home on our tree."

Arturo placed him on a low branch so they could play later.

"Mi mamá me lo hizo cuando yo tenía cuatro años," dijo Abue Rosa.

Arturo no podía imaginarse a su abuela canosa como una niña.

"Este ratón pasó la mayor parte del tiempo en mi bolsillo," dijo ella, riendo. "Lo llamaba Hermanito! Encuéntrale un buen hogar en nuestro árbol."

Arturo lo colocó en una rama baja para poder jugar después con él.

He pulled out some cardboard decorated with mahogany-colored beans.

"What's this?"

"One year, my children visited my home town," Abue explained, "and Linda made this with coffee beans."

Arturo liked how his *abuela* pronounced his mother's name: "Leenda," a beautiful flower of a word. He hung the ornament in the middle of the tree because she was the middle child between Tío Hernan and Tía Ines.

Sacó un cartón decorado con frijoles de color caoba.

"¿Qué es esto?"

"Un año, mis hijos visitaron a mi pueblo natal," Abue explicó, "y Linda lo hizo con granos de café."

A Arturo le gustaba cómo su abuela pronunciaba el nombre de su madre: "Leenda," una hermosa palabra como si fuera una flor. Colgó el adorno en medio del árbol porque su madre era la segunda hija entre el Tío Hernan y la Tía Ines.

He raced a wooden donkey along the tile floor, clopping its hooves. "To Bethlehem!"

"We decorate our *árbol de Navidad* because of the precious cargo Mary and Joseph's donkey carried. Your *abuelo* bought that when we were first married. Where will it go?"

The donkey screeched to a halt. Arturo placed it as high as he could stretch.

Jugaba con un burro de madera que rodaba sobre el piso de baldosa, golpeando con sus pezuñas. "¡A Belén!"

"Decoramos nuestro árbol de Navidad debido a la preciosa carga que llevaba el burro de María y José. Tu abuelo compró ese burro cuando nos casamos. ¿A dónde irá?"

El burro chirrió al detenerse. Arturo lo colocó tan alto como pudo.

They lifted ornament after ornament out of the box. The tree began to shine with Abue Rosa's stories.

"*Perdóname* while I put the tamales on to steam," Abue said and headed for the kitchen.

Colocaron en el árbol uno por uno los adornos de la caja. El árbol comenzó a brillar con los cuentos de Abue Rosa.

"Perdóname mientras pongo mis tamales al vapor," dijo Abue y se dirigió a la cocina.

Arturo leafed through the box and found a tiny, blown-glass bird. "Fly, bird. Like a plane. Vroom, vroom!"

Arturo miró dentro de la caja y encontró un diminuto pájaro de vidrio soplado. "Vuela, pájaro, como un avión. Vroom, vroom!"

The bird crashed into a wall. Its wings fell to the floor. Horrified, Arturo covered the pieces with newspaper just before Abue came back.

El pájaro chocó contra una pared. Sus alas cayeron al piso. Horrorizado, Arturo cubrió las piezas con periódico justo antes de que Abue regresara.

His stomach churned while they hung a wooden
star and a tin-can angel.

Su estómago se agitaba mientras colgaban una
estrella de madera y un ángel hecho de lata.

Abue Rosa rummaged through the box. "Have you seen the glass *pajarito* that my dearest friend, Sofía, gave me? It's all I have left from her."

Arturo stared at the floor. "Can we take a break?"

Abue Rosa buscó en la caja. "¿Has visto el pajarito de vidrio que mi querida amiga Sofía me dio? Es todo lo que me queda de ella."

Arturo miraba directamente al piso. "¿Podemos hacer una pausa?"

"*Por supuesto.* I'll mix the *tres leches* cake."
As soon as Abue left, Arturo scooped up the bird pieces and rushed to his room.

"Por supuesto. Mezclaré el pastel de tres leches."
Tan pronto como Abue se marchó, Arturo sacó las piezas del pájaro y corrió de prisa a su cuarto.

He drenched the bird with glue, but no matter how much he poured on, the tiny wings tumbled off. He held back his tears. Would his grandmother forgive him?

Empapó el pájaro de goma, pero a pesar de la cantidad que le ponía, las diminutas alas se seguían cayendo. Se contuvo sus lágrimas. ¿Le lo perdonaría su abuela?

He fled to the basement and found the bucket of pinecones his class used to make Thanksgiving turkeys. Could he make a Christmas bird to replace the broken one?

Corrió al sótano y encontró el cubo con los conos de pino que su clase utilizaba para hacer pavos de Acción de Gracias. ¿Podría hacer un pájaro de Navidad para sustituir al roto?

When Arturo finished, his pinecone bird didn't look like a turkey or like *Abuelita's* glass bird.

Cuando Arturo terminó, su pájaro hecho con conos de pino no se parecía a un pavo ni al pájaro de vidrio de Abuelita.

"Donde estás, mi'jo?"
Arturo jumped at the sound of his grandmother's
voice from upstairs.
"Are you ready to finish decorating the tree?"

"¿Dónde estás, mi'jo?"
Arturo saltó al oír el sonido de la voz de su
abuela de la parte de arriba de las escaleras.
"¿Estás listo para terminar de decorar el árbol?"

Arturo plodded upstairs, one bird in each hand. He hoped his grandmother wouldn't cry when she saw the broken bird.

Arturo took a deep breath. He held out the homemade bird. "I made this for our tree."

"*Qué bonita!*"

"I made it because—because—"

Arturo subió las escaleras con dificultad, con un pájaro en cada mano. Esperaba que su abuela no llorara cuando viera el pájaro roto.

Arturo respiró profundamente, mostrando el pájaro casero. "Lo hice para nuestro árbol."

"¡Qué bonito!"

"Lo hice porque—porque—"

One tear slid down Arturo's cheek as he showed his other hand.

Abue gasped at the glue-covered glass bird, bare without its wings.

A sob bubbled up inside Arturo.

"I didn't mean to," he whispered.

Por la mejilla de Arturo se deslizó una lágrima mientras mostraba su otra mano.

Abue gritó cuando vió el pájaro de vidrio cubierto de goma, desnudo sin sus alas.

Un sollozo brotó del interior de Arturo.

Abue Rosa estudiaba a Arturo.

"No fue mi intención hacerlo," él murmuró.

"People are more important than things, *mi'jo*," Abue said and hugged Arturo tightly. "Bird or no bird, I remember Sofía. And now when I look at this bird you made, I will think of you *and* Sofía."

"Las personas son más importantes que las cosas, mi'jo," dijo Abue, y lo abrazó. "Recuerdo a Sofía, con o sin pájaro. Y ahora cuando vea este pájaro que hiciste, pensaré en ti *y* en Sofía."

Together, they placed the pinecone ornament on the tree and inspected their work.

"Ready?" Abue said and plugged in the lights.

Juntos, colocaron el adorno hecho con conos de pino en el árbol e inspeccionaron su obra.

"¿Listo?" dijo Abue y conectó las luces.

"The tree is full now," Abue said as Arturo snuggled against her, "of memories."
He nodded. "And love."

"Ahora el árbol está lleno," dijo Abue mientras Arturo se acurrucaba con ella, "de recuerdos."
Arturo asintió con la cabeza. "Y de Amor."